SYLLABAIRE

OU

PREMIERS ÉLÉMENS

DE LA

LECTURE.

MONTBÉLIARD,
DE L'IMPRIMERIE DE DECKHERR.
1829.

Majuscules.

A B C D E F G H
I K L M N O P Q
R S T U V X Y Z
Ç J W Æ OE É È Ê

Lettres courantes ordinaires.

a b c d e f g h i k
l m n o p q r s t u
v x y z - ç j w æ œ

Lettres accentuées.

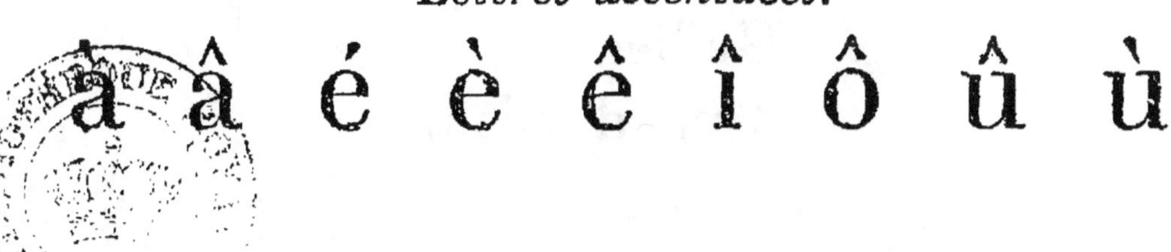

à â é è ê î ô û ù

Lettres consonnes.

b c d f g h j k l m
n p q r s t v x z.

Lettres voyelles.

a e i o u y -- æ œ.

Signes de la Ponctuation.

.　Point.
,　Virgule.
:　Deux points.
;　Point-Virgule.
?　Point d'interrogation.
!　Point d'exclamation.
'　Apostrophe.
( )　Parenthèses.
»　Guillemet.
-　Trait-d'union.

Ba	be	bi	bo	bu
Ca (ça)	ce	ci	co	cu (çu)
Da	de	di	do	du
Fa	fe	fi	fo	fu
Ga (gea)	ge	gi	go (geo)	gu
Ha	he	hi	ho	hu
Ja	je	ji	jo	ju
Ka	ke	ki	ko	ku
La	le	li	lo	lu
Ma	me	mi	mo	mu
Na	ne	ni	no	nu
Pa	pe	pi	po	pu
Qua	que	qui	quo	qu
Ra	re	ri	ro	ru
Sa	se	si	so	su
Ta	te	ti	to	tu
Va	ve	vi	vo	vu
Xa	xe	xi	xo	xu
Za	ze	zi	zo	zu

Syllabes commençant par des voyelles.

A   à   â   ab   ac   ad   aë   af   ag   ai   al   am   an   ap   ar   as   at   au   ay.

E   é   è   ê   eau   eaux   eb   ec   ed   ef   eg   eh   ei   el   em   en   er   es   est   et   eu   ex   ey

I   ic   ich   ie   ieu   ieux   if   il   im   in   io   ir   is   it.

O   ô   ob   oc   œ   of   oh   oi   oit   ol   om   on   op   or   os   ot   ou   oui   our   ours.

U   ul   um   un   ur   us.

Y   ya   yac   yam   yard   yel   yen   yeu   yeux   yn   yo   yp   yu   yun   yz.

Syllabes composées de deux consonnes et une voyelle.

Bla	ble	blê	bli	blo	blu
bra	bre	brê	bri	bro	bru
cha	che	chê	chi	cho	chu
cla	cle	clê	cli	clo	clu
cra	cre	crê	cri	cro	cru
dra	dre	drê	dri	dro	dru

fla	fle	flê	fli	flo	flu
fra	fre	frê	fri	fro	fru
gla	gle	glê	gli	glo	glu
gna	gne	gnê	gni	gno	gnu
gra	gre	grê	gri	gro	gru
pha	phe	phê	phi	pho	phu
phra	phre	phrê	phri	phro	phru
pla	ple	plé	pli	plo	plu
pra	pre	pré	pri	pro	pru
rha	rhe	rhé	rhi	rho	rhu
sca	sce	scè	sci	sco	scu
spa	spe	spé	spi	spo	spu
spha	sphe	sphé	—	—	—
sta	sté	stel	sti	sto	stu
stra	stré	stri	stro	stry	svel
tha	the	thê	thi	tho	thu
tra	tre	tré	tri	tro	tru
vra	vre	vré	vri	vro	vru

Mots d'une Syllabe.

Bal	cinq	deux	fer	Gai
blanc	cil	Dieu	feu	gain
bleu	ciel	dix	fier	gant
bien	clair	doigt	fil	gens
bœuf	clef	don	fin	gland
bois	clou	donc	fleur	glu
bon	cœur	dos	flot	grain
beau	coin	doux	foi	grand
bruit	coq	droit	foin	gras
Camp	corps	du	fois	gré
cap	coup	duc	fond	grec
car	craint	dur	fort	gris
cas	cri	En	fou	gros
cent	crois	et	frais	Ha
ces	cru	eux	franc	haut
cet	Dais	Fa	froid	hé
ceux	dans	fait	front	hors
chant	de	fat	fruit	huit

il	lis	mets	nœud	par
Je	lit	miel	noir	pas
jet	loi	mien	noix	peu
jeu	loin	mieux	nom	peur
jonc	long	mis	non	pied
joug	lors	moi	nos	plat
juin	loup	moins	nous	plein
jus	lourd	mois	nu	pleurs
La	lu	mon	nuit	pli
lac	lui	mont	nul	plus
laid	Ma	mort	OEil	poil
lait	mai	mot	œuf	point
lard	main	moût	oh	pois
las	mais	mur	on	pont
le	mal	Ne	or	port
lent	mars	nerf	os	pot
les	maux	net	ou	pou
leur	me	neuf	ours	pour
lieu	mer	nez	Pain	pré

prompt	sauf	sot	toit	veau
puis	saut	sou	ton	vent
pur	se	sous	tort	ver
Quand	sec	strict	tôt	vers
que	sel	stuc	tour	vert
quel	sens	su	tous	veuf
qui	sept	suif	tout	vieux
quoi	ses	sur	très	vif
Rang	seul	sus	tronc	vil
rat	si	Ta	trop	vin
rein	sien	tant	trou	vingt
ris	six	tard	tu	vis
roi	soi	te	Un	vol
rond	soif	tel	us	vos
roux	soin	temps	ut	vous
Sa	soir	thé	Va	vrai
sac	soit	tien	vain	vu
saint	son	tiers	val	Yeux
sans	sort	toi	van	Zest

Mots de deux Syllabes.

Ba lais	clou er	El le	Lai de
ban dit	col le	Fa ble	len teur
bleu e	cor de	far der	lon gue
bien fait	cou cher	fer me	mal heur
bois son	cri me	fier té	mes sieurs
bon ne	crois sant	flot ter	mi lieu
beau té	cru che	foi re	mien ne
Cal cul	Dan ser	fon dre	mois son
cap tif	dar der	froi de	mon de
car te	de main	Glan de	mon ter
cas ser	dé mon	grai ne	mor te
ce lui	des sin	gran de	mou dre
ces ser	don ner	gril ler	mus qué
cet te	dos sier	gros se	Ner veux
cil ler	dra peau	Hau te	net te
clai re	du pe	ho las	neu ve
clin quant	dur cir	Je ter	noi re

nom mer	plom ber	ron de	tur que
nul le	plu tôt	rô ti	U ne
Oin dre	pois son	rous se	u ser
on de	poi son	Sai ne	Va loir
or dre	por te	sain te	vai ne
os seux	pou le	san guin	val lon
ou til	prê cher	sau ter	van ner
our son	pres ser	scé ler	ven teux
Pal me	prê ter	sê che	ver ser
pan ser	pri son	sen tir	ver te
par ler	puis sant	seu le	veu ve
par tir	pu re	sien ne	vi ve
pas ser	Quel le	sor tir	vil le
peu reux	quoi que	sot te	vis ser
pin cer	Rai sin	sour de	vo ler
pis ton	ran ger	Tou te	vo tre
plain te	ro cher	trai ter	vrai e
plan che	roi de	tro ter	vu e

Mots de trois Syllabes.

Ba lai er	froi du re	ni ve ler
bien fai teur	Glu ti neux	nu di té
bon ne ment	gran de ment	nul li té
cal cu ler	gras se ment	On du leux
cap ti ver	Hau te ment	or du re
clai re ment	Jeu nes se	os se mens
cor di al	jou is sant	Pal mi er
cou chet te	Len te ment	pan se ment
cri mi nel	lin gè re	pein tu re
Des si ner	lis seu se	plain ti ve
do na teur	loin tai ne	poi son neux
En dur ci	lec tu re	pon ti fe
Fer me ment	Mal heu reux	pou lail ler
flo rai son	ma ré chal	pres su rer
fu si on	mi ti ger	pri son nier
for te ment	mor tel le	puis san te
fran chi se	mou tu re	pu re té

Quel que fois	sen ti ment	U ni té
qui con que	seu le ment	u su re
Ra di cal	sot ti se	Va leu reux
rô tis seur	sur di té	va ni té
Sai ne ment	Tra vail ler	ver se ment
sain te té	tré pi gner	ver du re
san gui ne	trou é e	veu va ge
scé lé rat	tur qui e	vi ve ment

Mots de quatre Syllabes.

Bien fai san ce	de moi sel le
bé né vo le	di a lo gue
bru ta le ment	e xac te ment
cal cu la teur	ex ter mi ner
cap ti vi té	Fa ta li té
cha ri ta ble	fer ti li té
cor di a le	fu ti li té
des si na teur	gail lar de ment

gé né ra le
glo ri fi er
Har mo ni e
her mi ta ge
ha bi le ment
Im pos si ble
in ju ri eux
in té res sant
Jo ieu se ment
jou is san ce
La men ta ble
la ti tu de
lin ge ri e
Mor ta li té
ma gni fi que
Na ti o nal
ni vel le ment
O bé is sant

or di nai re
Pa ci fi que
pu ri fi er
Qua li fi er
quo ti di en
Ré ci pro que
re mon tran ce
Sa lu bri té
stu pi di té
To ta le ment
tu mul tu eux
U sur pa teur
u ni for me
Va ri é té
ver ba le ment
West pha li e
Xé ro pha ge
Ze ro as tre

Premières phrases et maximes.

Mon cher enfant!

Crains Dieu, afin qu'il te bénisse et te fasse la grâce de bien apprendre.

Aime et honore ton Papa et ta Maman qui ont soin de toi et fournissent à tes besoins.

Respecte la vieillesse; incline-toi devant ses cheveux blancs.

Sois reconnaissant envers tes maîtres; la tâche d'enseigner la jeunesse est bien pénible.

Sois doux, poli et honnête envers tout le monde, on t'aimera et l'on t'estimera.

Sois affable et complaisant avec tes amis, ils te rechercheront et s'attacheront à toi.

Ne te lie qu'avec des enfans qui ont la crainte de Dieu, aiment leur prochain et suivent les bons conseils qu'on leur donne.

Évite et plains ceux qui se conduisent mal, mais ne les méprise pas; ils peuvent se corriger.

Sois attentif et appliqué à tes leçons, si tu veux devenir un homme instruit.

Il faut cultiver son esprit pendant sa jeunesse.

Une bonne éducation jointe à l'instruction, rend la jeunesse aimable et vertueuse.

L'ignorance et la paresse conduisent promptement aux vices.

L'homme laborieux est utile à la société; le paresseux lui est nuisible et dangereux.

L'économie est une qualité, l'avarice conduit au crime.

Mange et bois avec sobriété. La nourriture est destinée à soutenir notre corps et non point à assouvir notre gourmandise.

La propreté entretient la santé. La malpropreté engendre beaucoup de maladies.

L'enfant propre et bien soigneux de ses vêtemens ajoute à sa beauté.

Celui qui est négligé et sâle devient un objet de dégoût.

L'enfant sage écoute et profite de la conversation. Il réfléchit avant de parler.

On doit répondre poliment et clairement aux personnes qui vous adressent la parole.

Le babillard fatigue ceux qui l'écoutent.

Le niais impatiente.

La hardiesse et l'arrogance font mettre à la porte.

La douceur et la complaisance procurent l'amitié et la reconnaissance.

Sois indulgent pour ton prochain et sévère envers toi-même.

La charité est un devoir du chrétien.

Ne repousse pas l'indigence ; tu ne sais pas ce que Dieu te prépare.

L'orgueil dans la prospérité rend l'indigence plus insupportable lorsqu'on a le malheur d'y tomber.

La hauteur est l'appanage du sot et de l'ignorant. Il n'appartient à personne ne mépriser son semblable.

Le plus puissant a souvent besoin du petit. Nous dépendons tous les uns des autres.

La bonté attire. La méchanceté éloigne.

Invoque Dieu matin et soir. Élève ton ame à lui lorsque tu ès dans la souffrance.

Suis ces maximes pour ton bonheur.

Le Lion.

Cet animal est appelé roi des animaux, à cause
de sa force extraordinaire et de sa taille majestueuse : il habite les déserts de l'Asie et de
l'Afrique. Les plus grands ont huit à neuf pieds
de longueur sur quatre ou cinq pieds de hauteur. La couleur du Lion est fauve ; il a une

grande crinière qui prend depuis la tête jusques sur les épaules; la queue, longue de quatre pieds est terminée par une espèce de houpe ; son front est quarré, sillonné de rides, surtout lorsqu'i est en fureur ; son nez est gros ; sa gueule, fort grande, a des dents extrêmement fortes , puisqu'elles brisent les os les plus durs; sa langue est parsemée de petites pointes aussi dures que de la corne ; ses jambes sont courtes et osseuses, ses pattes larges et armées de griffes longues et crochues; sà marche est lente et majestueuse ; mais il court avec une vîtesse extrême lorsqu'il poursuit sa proie; ses yeux sont vifs et perçans, ombragés d'épais sourcils qu'il fait mouvoir d'une manière effrayante. — Quoique féroce, le Lion est généreux et reconnaissant. On en voit souvent qui admettent dans leur société des chiens ou d'autres animaux auxquels ils permettent de partager leur pâture. Il s'attache facilement à l'homme qui lui donne des soins. Les anciens Romains dressaient ces animaux à traîner les chars de triomphe.

Le Tigre.

La force, l'agilité, la légéreté, la souplesse, font de ce quadrupède le plus redoutable des a-nimaux féroces. Il est cruel, méchant, furieux, toujours altéré de sang. Sans être poussé par la faim, il étrangle, met en pièces, dévore tous les êtres animés qu'il peut appercevoir. Le Tigre est à-peu-près de la grandeur du Lion; sa peau est fauve, parsemée de bandes noires; ses formes et ses allures sont semblables à celles du chat. Ses ongles crochus, mobiles, et ses dents meurtrières n'épargnent pas même sa femelle, lorsqu'elle veut soustraire ses petits à son appétit sanguinaire. Sa face mobile, sa gueule ensanglantée, sa langue pendante, un grincement de dents continuel, annoncent sa férocité, qui se peint d'ailleurs dans son regard étincelant. Hommes, troupeaux, bêtes sauvages, rien n'échappe à ses poursuites. Il s'élance par bonds sur sa proie, plonge sa tête dans l'animal qu'il éventre, et en suce le sang avec avidité. Il le dévore rarement dans l'endroit où il l'a saisi; mais il l'entraîne au loin, fut-ce même un buffle ou un cheval, avec une telle agilité que sa marche n'en est point ralentie. — Cet horrible animal se trouve dans la partie méridionale de l'Asie; il habite le voisinage des rivières, où il guette les autres animaux qui viennent s'y désaltérer. — On parvient difficilement à apprivoiser le Tigre.

L'Ours.

Il y a plusieurs espèces d'Ours. Nous nous
bornerons à donner la description de celui de
nos contrées qui est représenté dans cette figu-
re. L'Ours brun des Alpes est plutôt farouche
que féroce. Il préfère se nourrir de graines et de

fruits que de chair et de sang. Il se plait dans la solitude , aussi ne le rencontre-t-on que dans l'intérieur des forêts des montagnes, qu'il ne quitte que pour aller faire sa pâture. Il grimpe à cet effet, avec une rapidité étonnante, sur les arbres fruitiers ; casse les petites branches qui ne peuvent pas le soutenir, pour en avoir le fruit ; il fait aussi de grands dégats dans les champs d'avoine et d'orge. — L'Ours fuit la présence de l'homme qu'il n'attaque qu'à la dernière extrémité, ou lorsqu'il est blessé par le chasseur. Le miel est pour lui une si grande friandise, qu'il se ferait tuer avant de lâcher un rayon.

Le corps de cet animal est massif et couvert de longs poils bruns ; ses yeux sont petits et très-vifs ; ses jambes charnues ; ses pattes armées de longues griffes ; il n'a point de queue. — L'Ours s'apprivoise facilement, et comme il se tient très-facilement sur les pattes de derrière, on le dresse à danser au son du tambourin dont il semble suivre la cadence. Lorsqu'il veut se défendre, il frappe à poing fermé comme l'homme.

Le Dromadaire.

Le Dromadaire et le Chameau sont deux animaux de la même nature. Le Chameau est plus grand, porte deux bosses sur le dos, et sert plus particulièrement au transport des charges lourdes. Le Dromadaire n'a qu'une bosse, et comme il est plus léger, on l'emploie pour la monture; c'est dans des paniers suspendus à sa bosse qu'on s'assied, et l'on fait ainsi jusqu'à trente lieues par jour dans les déserts de l'Afrique. Une heure de repos et une pelote de pâte lui suffisent chaque jour. Il peut rester neuf jours sans boire; aussi, lorsqu'il trouve quelque marre d'eau, il en boit non-seulement pour étancher sa soif, mais encore pour la soif à venir; son estomac étant construit de manière à contenir un dépôt de liquide en réserve. On dresse le Dromadaire à s'accroupir pour recevoir sa charge; si elle est trop pesante, il se rebute et jette des cris lamentables. Sans le secours de cet animal, il serait impossible de traverser les déserts; nulle autre bête de somme ne pourrait supporter la fatigue et les privations de toutes espèces qu'un tel trajet offre. Le Dromadaire vit environ trente ans. Les naturels du pays mangent sa chair qu'ils trouvent succulente. Son poil sert dans la chapélerie. On l'emploie aussi à la fabrication de certaines étoffes.

Le Loup et le Chevreau.

Une Chèvre allant paître, enferma son chevreau dans sa loge en lui recommandant de n'ouvrir à personne. Un Loup vint frapper à la porte, en le priant d'une voix douce de lui ouvrir et lui faisant des protestations d'amitié ; le Chevreau méprisant les ordres de sa mère, ouvrit et fut mis en pièces par le Loup.

Jeunes gens ! suivez toujours les ordres de vos parens.

Le Coq et la Perle.

Un Coq trouva une Perle en becquetant sur un fumier ; il la rejeta, et dit : Un lapidaire se réjouirait d'une semblable fortune, mais pour moi, que m'importe une telle trouvaille; je m'estimerais beaucoup plus heureux d'avoir rencontré un grain d'orge ou d'avoine.

Le Sage préfère l'utile à l'agréable.

La Grenouille et le Bœuf.

Une Grenouille voyant un Bœuf qui paissait près d'un marais ; l'envie lui prit de devenir aussi grosse que lui ; pour cet effet elle se gonfla de toutes ses forces, en disant à sa fille : Me voilà bien aussi grande. Vous n'en approchez pas, lui dit l'autre. Elle fit alors tant d'efforts qu'elle creva.

Soyons contens de notre sort, et ne cherchons pas à nous élever au-dessus de notre état.

Le Chien et l'Ombre.

Un chien qui tenait à sa gueule un morceau de viande, en vit l'image dans l'eau ; il crut que c'était une nouvelle proie d'un goût plus exquis, lâcha aussitôt celle qu'il avait pour courir après cette ombre. Malheureux, s'écria-t-il, pour avoir voulu obéir à ma gourmandise, j'ai tout perdu.

En voulant tout avoir fort souvent on n'a rien.

Le Lion et le Rat.

Un Lion dormait paisiblement : un Rat s'en approcha et vint jusqu'à sauter sur son dos. Le Lion éveillé le prit ; mais le jugeant indigne de sa colère il le lâcha. Quelques jours après, le Lion tomba dans les filets des chasseurs. La forêt rétentit de ses rugissemens ; le Rat accourut et ayant rongé les mailles du filet, il le délivra.

Le plus grand a souvent besoin du plus petit.

La Poule aux OEufs d'or.

Une poule pondait chaque jour un œuf d'or à son maître, qui s'imagina que l'oiseau en était tout plein. Dans cette pensée, il le prend, le tue et lui ouvre le corps : mais quel fut son désespoir de ne rien trouver de ce qu'il y cherchait. Ainsi il perdit à la fois et la Poule et les OEufs.

Celui qui ne sait pas se contenter de ce qu'il a, s'expose tout perdre.

CHIFFRES.

romains	arabes		romains	arabes	
I	1	Un	XVI	16	seize
II	2	deux	XVII	17	dix-sept
III	3	trois	XVIII	18	dix-huit
IV	4	quatre	XIX	19	dix-neuf
V	5	cinq	XX	20	vingt
VI	6	six	XXX	30	trente
VII	7	sept	XL	40	quarante
VIII	8	huit	L	50	cinquante
IX	9	neuf	LX	60	soixante
X	10	dix	LXX	70	septante
XI	11	onze	LXXX	80	quatre-vingts
XII	12	douze	XC	90	nonante
XIII	13	treize	C	100	cent
XIV	14	quatorze	D	500	cinq cents
XV	15	quinze	M	1000	mille

LIVRET.

2f.	2f.	4	3	11	33	5	12	60	8	10	80
2	3	6	3	12	36	5	13	65	8	11	88
2	4	8	3	13	39	6	6	36	8	12	96
2	5	10	4	4	16	6	7	42	8	13	104
2	6	12	4	5	20	6	8	48	9	9	81
2	7	14	4	6	24	6	9	54	9	10	90
2	8	16	4	7	28	6	10	60	9	11	99
2	9	18	4	8	32	6	11	66	9	12	108
2	10	20	4	9	36	6	12	72	9	13	117
2	11	22	4	10	40	6	13	78	10	10	100
2	12	24	4	11	44	7	7	49	10	11	110
2	13	26	4	12	48	7	8	56	10	12	120
3	3	9	4	13	52	7	9	63	10	13	130
3	4	12	5	5	25	7	10	70	11	11	121
3	5	15	5	6	30	7	11	77	11	12	132
3	6	18	5	7	35	7	12	84	11	13	143
3	7	21	5	8	40	7	13	91	12	12	144
3	8	24	5	9	45	8	8	64	12	13	156
3	9	27	5	10	50	8	9	72	13	13	169
3	10	30	5	11	55						

MONTBÉLIARD, Imprimerie de Rod.-Henri DECKHERR

www.ingramcontent.com/pod-product-compliance
Lightning Source LLC
Chambersburg PA
CBHW051348060726
47596CB00004B/1817